www.ingramcontent.com/pod-product-compliance
Lightning Source LLC
Chambersburg PA
CBHW080602220526
45466CB00010B/3227
* 9 7 8 1 6 9 7 1 0 9 2 4 5 *